Забарвлення тварин

Animal Colors

Maria Koran

Забарвлення тварин

Animal Colors

У цій книзі розповідається про таке

In this book, you will learn about

- Які бувають кольори
- what they are

- Для чого вони потрібні
- what they are for

- Які тварини їх мають
- which animals have them

І ще багато цікавого!
and much more!

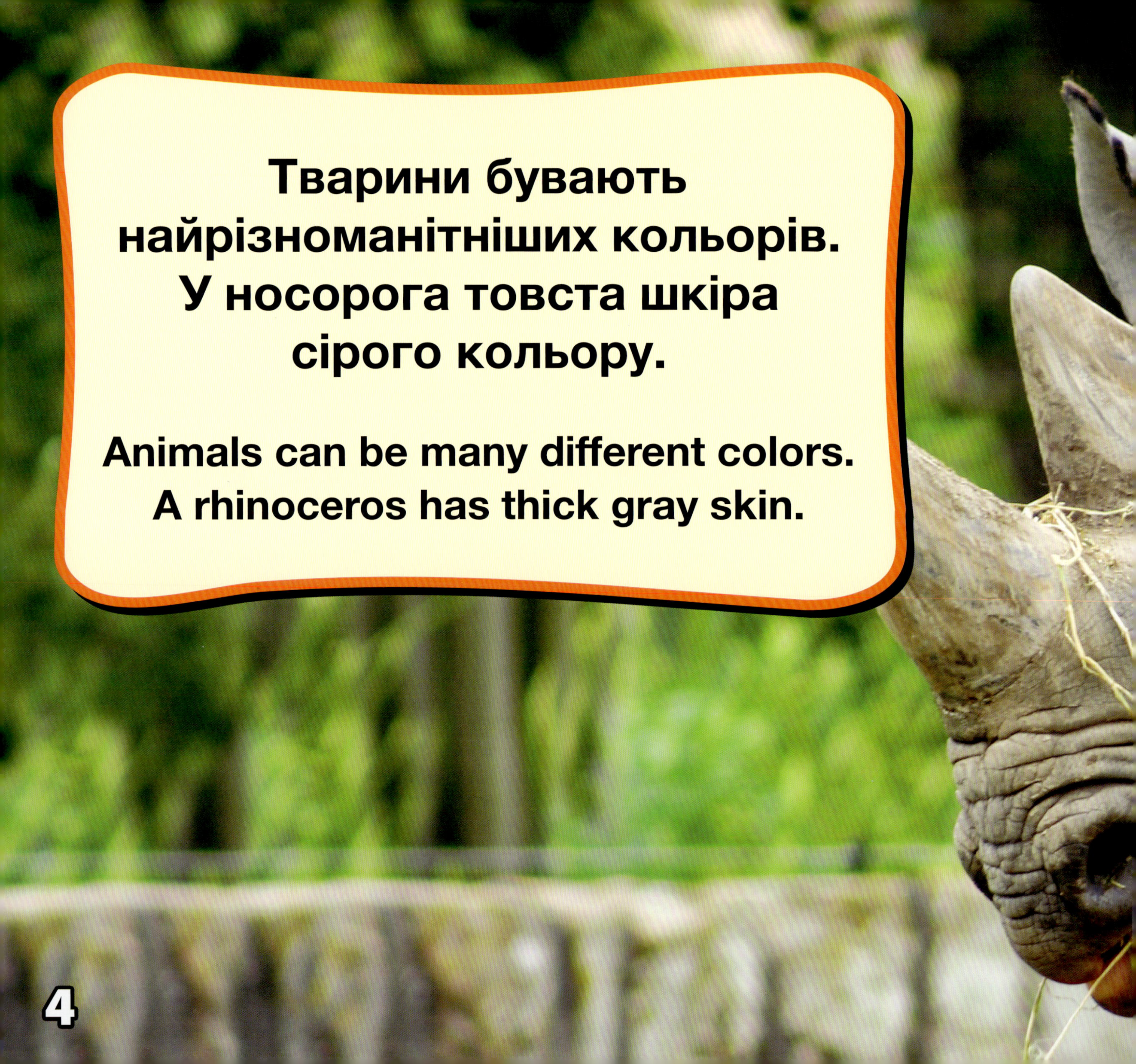

Тварини бувають
найрізноманітніших кольорів.
У носорога товста шкіра
сірого кольору.

Animals can be many different colors.
A rhinoceros has thick gray skin.

Колір деяких тварин залежить від їхнього хутра. Гірська горила має чорне хутро.

Some animals get their color from their fur. A mountain gorilla has black fur.

В орангутанга руде хутро.
Воно вкриває майже все
його тіло.

An orangutan has orange fur.
Its fur covers almost all of its body.

Один вид тварин може мати неоднакове забарвлення. Хутро чорних ведмедів може бути чорним, сірим або коричневим.

One kind of animal can have different colors. Black bears can have black, gray, or brown fur.

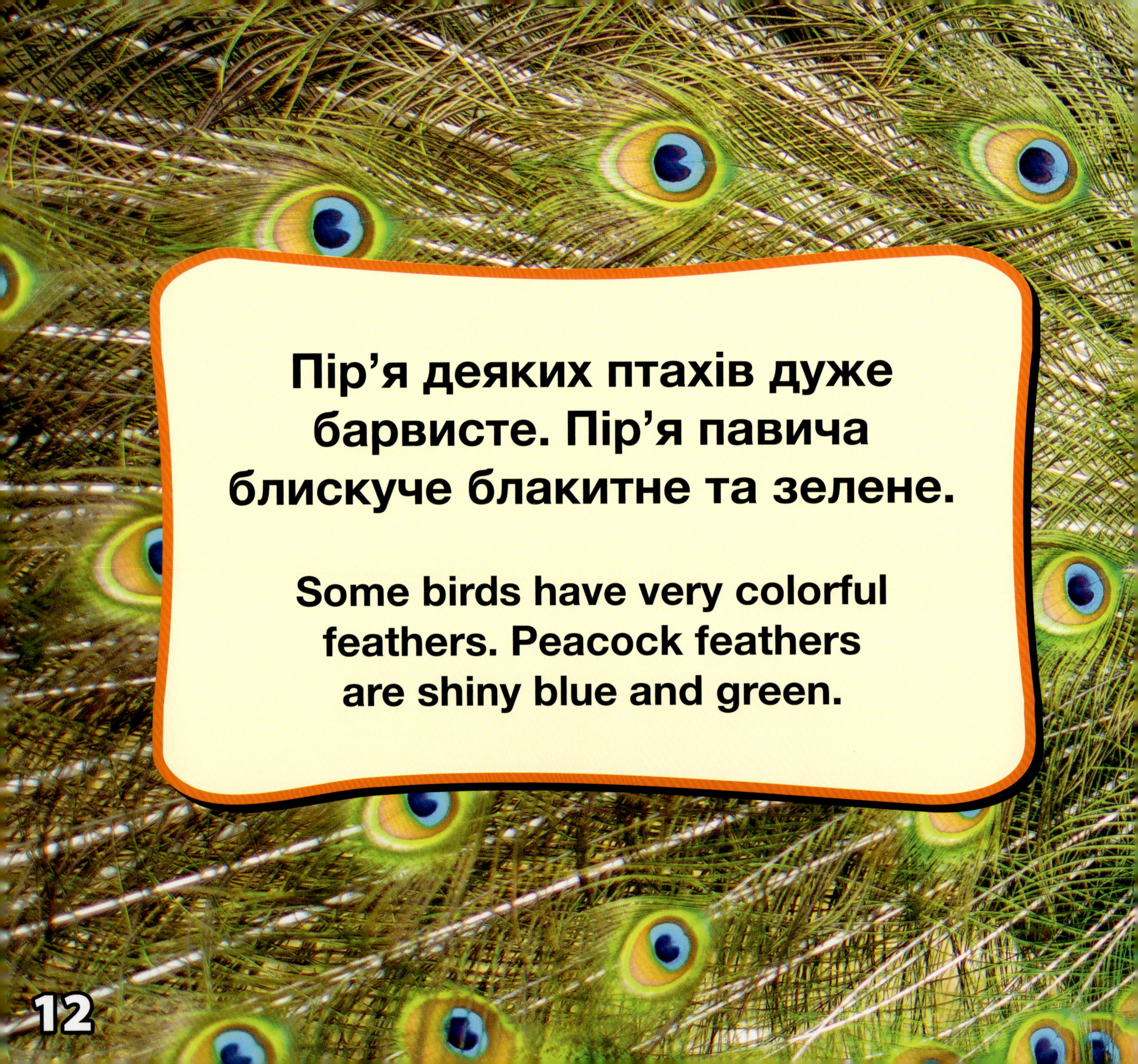

Пір’я деяких птахів дуже барвисте. Пір’я павича блискуче блакитне та зелене.

Some birds have very colorful feathers. Peacock feathers are shiny blue and green.

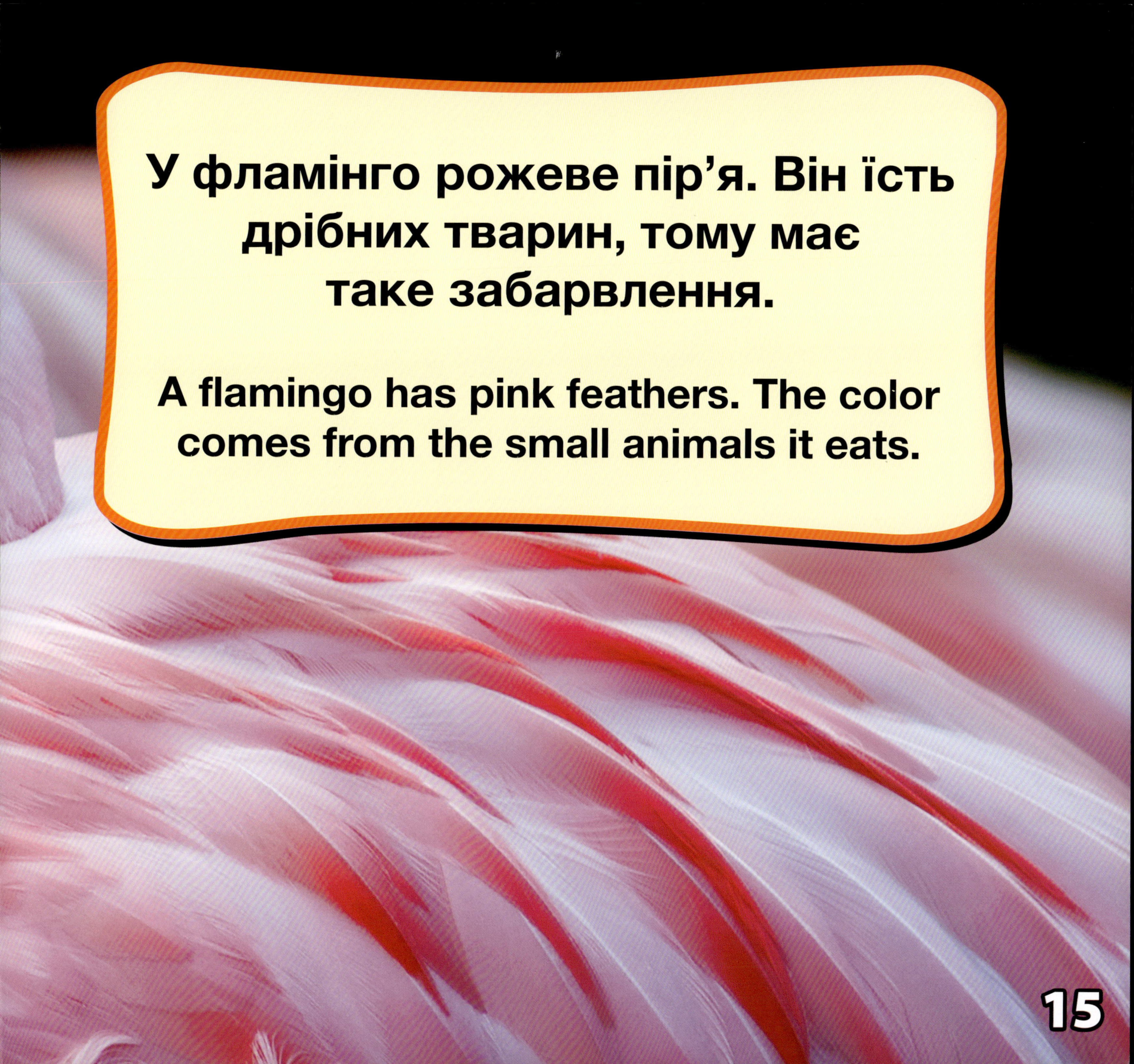

У фламінго рожеве пір'я. Він їсть дрібних тварин, тому має таке забарвлення.

A flamingo has pink feathers. The color comes from the small animals it eats.

Колір шкіри захищає тварину. Ігуана зелена, тому їй легко сховатися серед зелених рослин.

Colors can help an animal stay safe. An iguana is green. This color helps it hide in plants.

Сонечко червоно-чорне. Через яскраве забарвлення інші тварини не їдять цю комаху, бо думають, що вона погана на смак.

A ladybug is red and black. Its bright color lets other animals know it tastes bad.

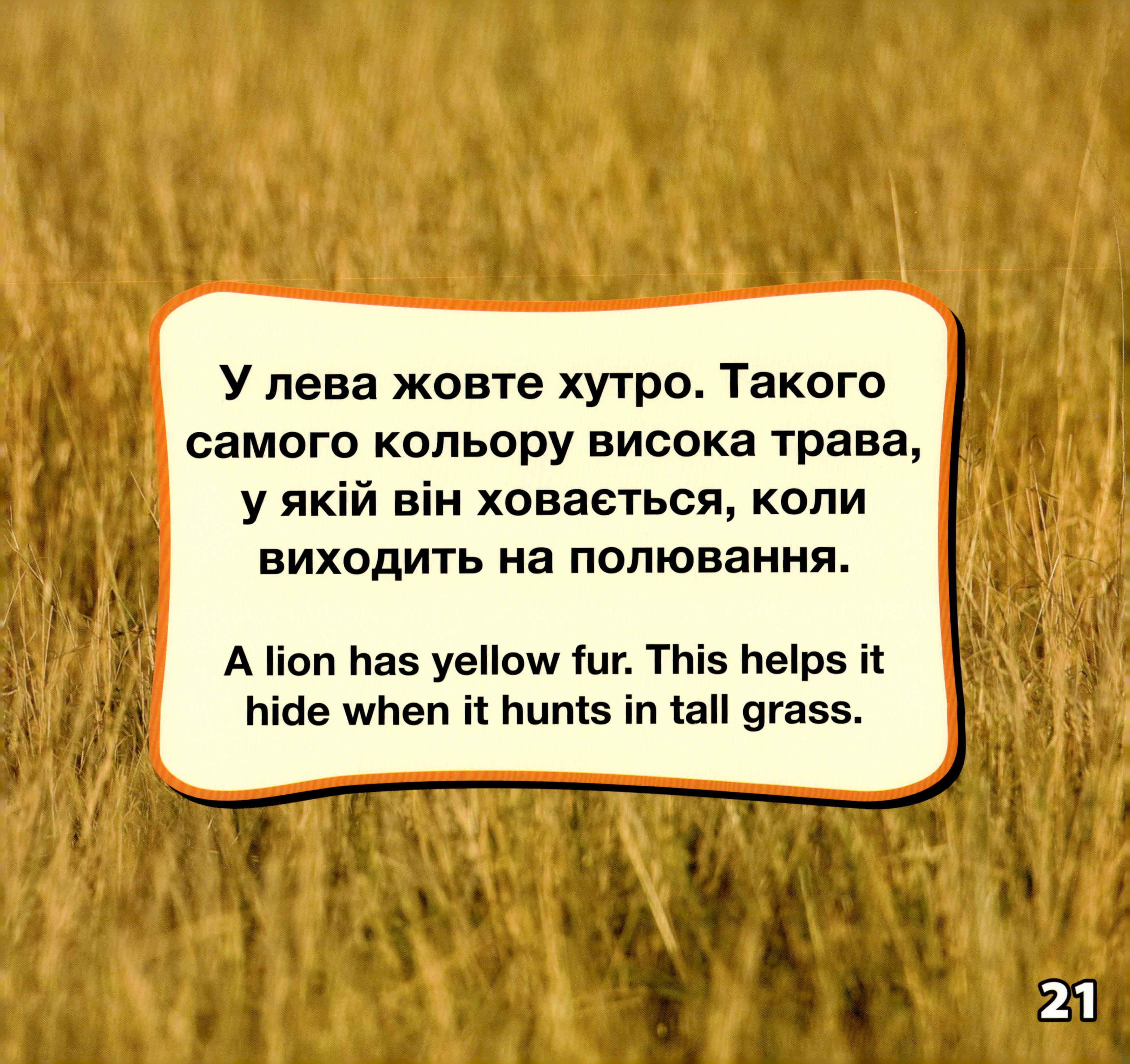

У лева жовте хутро. Такого самого кольору висока трава, у якій він ховається, коли виходить на полювання.

A lion has yellow fur. This helps it hide when it hunts in tall grass.

Забарвлення тварин

Animal Colors

is available in

12 more

bilingual versions.

Arabic

Brazilian Portuguese

French

Hindi

Korean

Mandarin

Russian

Spanish

Swahili

Tagalog

Urdu

Vietnamese

Choose your preferred language for a unique reading experience!

Published by Lightbox Learning Inc.
276 5th Avenue, Suite 704 #917
New York, NY 10001
Website: www.openlightbox.com

Library of Congress Control Number: 2024939598

ISBN 979-8-8745-1670-3 (softcover)

Printed in Guangzhou, China
1 2 3 4 5 6 7 8 9 0 28 27 26 25 24

082024
102923

Art Director: Terry Paulhus
Layout: Mandy Christiansen
English Editor: Sara Cucini
Ukrainian/English Translation: Translation Services USA

The publisher acknowledges Alamy, iStock, and Minden Pictures as the primary image suppliers for this title.